Deutsche Kriegsschriften

20. Heft

Kriegspsychologisches

Von

Dr. Magnus Hirschfeld

in Berlin

A. Marcus & E. Webers Verlag (Dr. jur. Albert Ahn) in Bonn

Kriegspsychologisches

von

Dr. Magnus Hirschfeld
in Berlin

1916
A. Marcus & E. Webers Verlag (Dr. jur. Albert Ahn) in Bonn

Druck: Otto Wigand'sche Buchdruckerei G. m. b. H., Leipzig.

Das Wesen des Krieges ist voll von Gegensätzen und Widersprüchen. Was sonst das Menschendasein an Lebensleid und Lebenslust, an Jubel und Jammer, an Himmelsfreuden und Höllenqualen in sich birgt, bringt der Krieg unendlich gewaltiger mit sich. Von höchster Begeisterung bis zu tiefster Entgeisterung schwingt der Geist im Kriege; was ihn kennzeichnet ist die Ekstase im Ursinne des Wortes: ek = heraus, stasis = Zustand, heraus aus dem Zustand gewohnter Gleichmäßigkeit und Mittelmäßigkeit, aus dem Leben des Alltags, aus dem Alltag des Lebens.

Es gibt Lobredner des Krieges, die ihn ob dieser Schwungkraft preisen, er sei eine Läuterung der Seele im Feuer, eine Durchrüttelung des Körpers im Sturm, ein Ordnungsruf, ein Mahnruf, ein Lebenserwecker und Lehrmeister, gleichsam ein Stahlbad, ein Jungbrunnen für ein Volk.

Erst jüngst hörte ich bei der feierlichen Ankunft deutscher Schwerverwundeter aus russischer und sibirischer Gefangenschaft einen Begrüßungsredner diesen Standpunkt vertreten; er schien bei den wackeren Kriegern, unter denen mancher die Heimat blind begrüßte, wenig Anklang zu finden.

Versöhnliche Nebenwirkungen hindern jedenfalls nicht, daß neunzehntel der Menschheit den Krieg für das furchtbarste

1*

Unglück halten, das einem Lande widerfahren kann. Dies lehrt besonders deutlich die Beobachtung, daß jeder Herrscher, jedes Volk und jede Regierung die Schuld am Kriege weit von sich weisen. In der Kundgebung, die der Deutsche Kaiser am Jahrestage des Krieges an das Deutsche Volk richtete, sagt er erschüttert und erschütternd: „Ich habe diesen Krieg nicht gewollt." Wer den Kaiser seit einem Menschenalter erlebt hat, glaubt ihm. Dürfen wir auch den anderen Glauben schenken, die ähnliches versichern?

Denn alle geben den Feind als den Anfänger aus und alle Völker sind davon durchdrungen, daß sie ihr Land, ihre in friedlicher Arbeit errungene Stellung, ihre Freiheit, ihre Ehre, ihr Recht verteidigen. Und was das merkwürdigste ist: Allesamt tun es auch, denn mit dem Augenblick, in dem der Krieg ausgebrochen ist, führt jedes Volk einen Verteidigungskampf, indem dann für alle in gleicher Weise das Wort der alten Römer gilt „vae victis", „wehe den Besiegten".

Die Verantwortung aber für den Krieg will keiner übernehmen; sie ist auch zu übermenschlich groß, als daß sich ihr ein Mensch gewachsen fühlen könnte.

In der Zeitung eines neutralen Staates las ich einmal eine sinnbildliche Darstellung, durch welche die einzigartige Zerstörung von Leben veranschaulicht werden sollte, die der gegenwärtige Weltkrieg herbeigeführt hat. Der Verfasser berechnete, wie lange es wohl dauern würde, wenn die gefallenen Männer und Jünglinge sämtlicher kriegführender Staaten in geschlossenem Zuge in Marschkolonne an ihm vorüberziehen würden. Er setzte auseinander, daß, wer diese Parade abnehmen wollte, mehrere Wochen lang Tag und Nacht ohne Unterbrechung die Millionen entseelter Europäer an sich vorbeimarschieren lassen müßte.

Ich habe diese Vision, als ich sie während einer Eisenbahnfahrt las, in Gedanken fortgesetzt. Ich sah viel der zu Tode Getroffenen Hand in Hand gehen, zu zweit, zu dritt, zu viert; es waren Brüder, Väter mit ihren Söhnen, Freunde. Ebenfalls zusammen wanderten aus allen Ländern die getöteten einzigen Söhne, die „fils uniques", die letzten ihres Stammes; ihr Vorbeimarsch währte allein volle 24 Stunden.

Und hinter den Gefallenen sah ich ein schier endloses Gefolge derer, die in den Voraufschreitenden ihr Teuerstes dahingegeben hatten: Hunderttausende vergrämter Witwen, Millionen verwaister Kinder und schmerzzerissene Eltern ohne Zahl, die mit ihren Söhnen ihres Lebens Stolz und Stütze dem Vaterlande geopfert hatten.

Dieses Gefolge setzte sich in weiteren Reihen fort, deren Vorbeizug wiederum Wochen währte. Es waren die Kriegsversehrten, voran die der Sehkraft beraubten, viele Tausende aller Nationen. Nach ihnen Zehntausende jüngerer und älterer Männer auf Krücken oder Holzbeinen und ebenso viele, denen ein oder zwei Arme fehlten. (Mehrere hundert dieser armlosen Krieger sah ich selbst einmal auf einem Fleck versammelt in einem Vortrag des einarmigen Grafen Zichy.) Den Kriegsversehrten reihten sich die Siechen an, die ein unheilbares körperliches oder seelisches Leiden aus dem Felde heimwärts trugen. Kein Organ war verschont geblieben; den Herzkranken folgten die Lungenkranken, den Magenleidenden die Nierenleidenden und so ging es fort bis zu den Nerven- und Geisteskranken.

Und neue Gruppen schlossen sich in unabsehbaren Scharen auf: die Kriegsgefangenen, wiederum mehrere Millionen aus allen Erdteilen, weit von der Heimat verschlagen bis in das kälteste Nordasien, bis in das heißeste Nordafrika. Mit ihnen gingen einige hunderttausend festgesetzter Zivilgefangener. Auch in dieser Abteilung marschierten viele Tote; nicht nur Tausende, die einem ungewohntem Klima erlagen, sondern auch viele unschuldige Opfer der Spionenfurcht, und unter den schuldigen so mancher Verräter aus Vaterlandsliebe, wie der Deutsche Hans Lody und die Engländerin Edith Cavell.

Die Fortsetzung dieses unheimlichen Völkerstromes bildeten die Brotlosen und Obdachlosen; zunächst die von der Scholle Vertriebenen, meist ganze Familien: ostpreußische Flüchtlinge, galizische Flüchtlinge, russische und französische Flüchtlinge, belgische und serbische Flüchtlinge, zusammen wieder viele, viele Millionen. Ihnen schlossen sich die Landesverwiesenen an, die in der Fremde eine zweite Heimat gefunden zu haben vermeinten, zwischen ihnen viele Hunderttausende von Auslandsdeutschen, die in Rußland, England, Frankreich und Italien bodenständig geworden waren, nicht ahnend, daß man sie je so jäh verjagen könnte.

Als Arzt des Roten Kreuzes habe ich viele dieser Auslandsdeutschen behandelt, die gebrochen an Leib und Seele in das Land ihrer Väter zurückkehrten. Namentlich unter den aus Rußland vertriebenen Deutschen waren viele, die sich durch jahrelangen Fleiß ein stattliches Gut erarbeitet hatten. Man ließ ihnen davon nur so viel, als sie mit ihrem Körper forttragen konnten, dazu von ihrem oft beträchtlichen Vermögen nur hundert Rubel. So trieb man die Alten samt Frauen und Kinder über die Grenze, während man ihre kriegsbrauchbaren Gatten und Söhne in die Gefangenschaft verschleppte. Mehr als ein Fall ist mir bekannt geworden, in denen deutsche Frauen, die in Rußland wohnten, die Erlaubnis nachsuchten und erhielten, ihre Männer oder Söhne nach Sibirien zu begleiten.

Und immer noch näherte dieser Zug des Elends sich nicht seinem Ende. Denn auch alle anderen, für die der Krieg den wirtschaftlichen Ruin bedeutete, marschierten mit. Den Schluß des Zuges aber bildete eine unterernährte, frierende, verbitterte Menschenschar: die *Kriegsopfer* der mit der Zeit in allen Ländern eintretenden Teuerung und Überteuerung, des Lebensmittel*mangels* und Lebensmittel*wuchers*.

Wahrlich, wer sich von dieser Lebensvernichtung und -verwüstung, *die noch jeden Tag zunimmt*, eine Vorstellung macht, dem muß es allmählich klar werden, daß es *nicht ein verbrecherischer Wille* sein kann, der alles dies zuwege gebracht hat. Dieser Krieg ist *nicht Schuld*, *sondern Schicksal*, nicht die Schuld Einzelner, sondern das Schicksal Aller.

Nicht *wer* schuld ist, sondern *was* schuld ist, muß man ergründen, sollen der Zukunft Ausbrüche und Zusammenbrüche ähnlicher Art erspart bleiben. Wir lesen in *Goethes* Faust von dem Geiste, der das Böse will und das Gute schafft; um wieviel gefährlicher für die Menschheit erweisen sich die Geister, die das Gute wollen und das Böse schaffen. *Nicht Bosheit*, *sondern Beschränktheit*, nicht das Schlechte, sondern das Falsche trieb mit den Völkern sein verhängnisvolles Spiel, nicht *Eigenschaften und Leidenschaften*, welche *der Mensch* hatte, sondern solche, die *den Menschen* hatten, waren die Missetäter.

Die schlimmsten unter diesen *objektiven* Missetätern sind die *Unwissenheit* mit ihren drei Sprößlingen *Leichtgläubigkeit*, *Unduldsamkeit* und *Furcht*. Die Unwissenheit führte zu der Verkennung deutschen Wesens und Wollens; *wo der Deutsche überlegen schien*, *legte* man ihm etwas unter. Man erkannte in der Ertüchtigung Deutschlands nicht den natürlichen Gang fortschreitender Entwicklung, sondern witterte in seiner Stärke eine Drohung, in der Kraft als solcher eine Gefahr.

Je weniger man aber selbst weiß, um so empfänglicher ist man für die Unwissenheit anderer, um so zugänglicher Beeinflussungen und Zuflüsterungen dritter. Langsam aber sicher preßte die Presse und drückten die Druckschriften Denkkeime in die weichen Gehirnmassen ein, aus denen im Massengehirn völkische Unduldsamkeit als wucherndes Unkraut erwuchs. Setzen doch ohnehin alle Staaten, wie Nietzsche in „Menschliches Allzumenschliches" ausführt, die schlechte Gesinnung des Nachbars und die gute Gesinnung bei sich voraus. Es gab Zeiten, in denen fremd und feindlich gleichbedeutend waren. Ganz ähnlich hält ja auch der Einzelne sich selbst gewöhnlich für besser und den anderen für schlechter, als beide in Wirklichkeit sind.

In einem früheren Kriegsvortrag „Warum hassen uns die Völker?" [1]) habe ich in diesem Sinne Englands psychologischen Anteil am Weltkrieg untersucht. Er ist beträchtlich. Anders aber stellen sich uns die Kriegsgründe dar, wenn wir den zu den Feindseligkeiten führenden Spannungen und Gegensätzen zehn, zwanzig oder vierzig Jahre nachgehen.

Sicherlich war seit dem Tode der Königin Victoria Deutschland Englands schärfster Rivale und Antipode. Verfolgen wir aber die wesentlichen Wurzeln des Weltkrieges weiter, so erkennen wir als nicht unwesentliche den unlustbetonten

---

[1]) Deutsche Kriegsschriften. 1. Heft. A. Marcus & E. Webers Verlag in Bonn.

Affekt, mit dem der Franzose seit mehr als vier Jahrzehnten die Worte „Prusse“, „Prussien“ und „Allemand“ aussprach. *Frieden ohne Versöhnung ist nur ein halber Frieden*; Frankreich aber und Deutschland standen sich noch immer unversöhnt gegenüber. Noch konnte kein französischer Präsident Berlin, kein deutscher Kaiser Paris zu besuchen wagen.

Zwischen Frankreichs und Englands Verstimmung lag zeitlich *Rußlands* Unstimmigkeit, die einsetzte, als nach dem russisch-türkischen Kriege die Einigung zwischen Petersburg und Konstantinopel in *Berlin* erfolgte. Hätte allerdings der gallische Hahn, als er sich bald darauf mit dem russischen Bären zusammenspannte, wissen können, daß einst nicht Rußland ihm, sondern *er* Rußland würde beispringen müssen, er hätte sich vielleicht doch noch eines besseren besonnen. Aber außer der Abneigung beherrschte Frankreich die *Furcht* vor dem Übergewicht des immer stärker werdenden Nachbarn. Auch diese Angst war eine Ausgeburt der Unwissenheit. Hätte Frankreich Deutschland genauer gekannt, dann hätte es erkannt, daß in Deutschlands Machtentfaltung an sich nichts Völkerfeindliches lag.

Leider aber kann man einer Waffe nicht von außen ansehen, ob sie der Abwehr oder dem Überfall dienen soll. Angriffs- und Verteidigungswaffen sehen sich gleich und werden daher oft miteinander verwechselt. Ist sich doch der *Schütze* selbst kaum noch bewußt, daß sein Name von *schützen*, der Name seines *Gewehrs* von sich *wehren* herrührt. So gesellt sich zu den beiden Kindern der Unwissenheit: Leichtgläubigkeit und Unduldsamkeit als *drittes* der Geschwister die Furcht.

Alle diese bisher genannten Seelenzustände sind *negativer* und *passiver* Natur. Es sind *Affekte*, die viel zu sehr Defekte sind, um unmittelbar Effekte zu erzielen, besonders solche, die etwas so Positives und Aktives sind wie der Krieg. Aber etwas anderes erzielt dieser Negativismus: Unfreundlichkeit und Übelwollen, allerlei kleine Zurücksetzungen und kleinliche Zusetzungen, die im einzelnen zwar wenig, als ganzes jedoch schwer genug ins Gewicht fallen.

Der Starke, der guten Willens, Wissens und Gewissens ist, blickt im Vollgefühl seiner Stärke lange Zeit ruhig auf die gegen ihn gerichtete Rüstung und Entrüstung. Aber immer wieder gereizt entladet sich schließlich doch die in ihm aufgespeicherte Menge von Groll und Kraft als **Abwehrreaktion.** Man zieht so lange gegen den Starken zu Felde, bis er schließlich selbst ins Feld zieht.

Schwieriger noch wie bei der allmählich zum Kriege führenden Spannung ist es nun bei der Entspannung möglich, Schuldsubjekte zu ermitteln. In dem Wort Kriegsausbruch ist schon das Explosive, Eruptive, Elementare des Kriegsbeginns zum Ausdruck gebracht. Es zeigt sich auch darin, daß das, wovon der Krieg ursprünglich und ursächlich ausging, in seinem Fortgang und Ausgang meist sehr zurücktritt. Wer hätte etwa — um ein beliebiges Beispiel herauszugreifen — ahnen können, daß die Bluttat von Serajewo ein halbes Jahr später zur Eroberung von Antwerpen führen würde.

So wenig heute Angriffskriege einen Widerhall in der Brust kultivierter Menschen finden, so sehr erwacht in der Überzeugung von der Not, Notwehr und Notwendigkeit der alte kriegerische Geist. Aus der äußeren Notwendigkeit eines Krieges — gleichviel ob wirklicher oder vermeintlicher — ergibt sich die innere Notwendigkeit, an ihm teilzunehmen.

Dieses innere Muß erwacht und erwächst aus der Liebe zum Vaterlande. Aus der starken seelischen Hingebung springt und sprießt die körperliche Hingabe hervor, die alte Märtyrerlust, für ein Allerhöchstes und Allerheiligstes sich selbst zum Opfer zu bringen. Es ist die „selige Sehnsucht", von der Goethe im „Westöstlichen Diwan" singt:

„Und solang du das nicht hast,
Dieses: Stirb und werde!
Bist du nur ein trüber Gast
Auf der dunklen Erde."

Wer sich die Stimmung noch einmal in sein Gedächtnis zurückruft, mit der in den Tagen der Mobilmachung unser Volksheer an die West- und Ostfront rückte, wer sich noch einmal vergegenwärtigt, wie die Millionen junger und alter Kriegsfreiwilliger von Kaserne zu Kaserne eilten, von keinem innigeren Wunsche beseelt, als dabei sein zu dürfen, der wird nicht in Abrede stellen können, daß in der Menschenseele auch heute noch Empfindungen leicht erweckbar schlummern, die als wirkliche Kriegsbegeisterung bezeichnet werden müssen. Auch dies gehört zu den Kriegswidersprüchen: selbst wahrhafte Friedensfreunde griffen damals freudig zu den Waffen.

„Dabei sein zu dürfen"; hier ist die Stelle, wo der Seelenforscher Halt machen muß, um zu ergründen, worin das Berückende, Magnetische, Dämonische des Krieges besteht, das Millionen so unwiderstehlich in den Bann zieht, die doch genau wissen, was sie an Bequemlichkeiten und Annehmlichkeiten zu Hause aufgeben und was draußen ihrer an Entbehrungen, Anstrengungen und Gefahren harrt. Da gelangen wir wieder zu dem Begriff, den wir in der Einleitung als Ekstase bezeichneten und den man auch als Rausch- oder Drangzustand bezeichnen kann.

Es ist weder eine einfache, noch einheitliche Seelenverfassung, um die es sich hier handelt; aber gleichviel, ob die Ekstase den Menschen als Heldenrausch oder Abenteuerrausch ergreift, ob sie ihn als Freiheitsrausch oder Verbrüderungsrausch erfaßt, als Kampfesrausch oder Siegesrausch erregt, die Gemüter sind entflammt, die Herzen gehoben, die Seelen erfüllt, die Geister berauscht.

Es ist nötig, auf diese psychischen Vorgänge im einzelnen etwas näher einzugehen; denn will der Mensch nicht nur den Feind, sondern, was schwerer ist, den Krieg überwinden, dann muß man auch wissen, was am Krieg den Menschen triebhaft lockt. Kann der Friede dem Menschen die Vorteile des Krieges ohne seine Nachteile gewähren, dann wird die Flucht in den Krieg der Menschheit noch weniger liegen, als es bereits jetzt der Fall ist.

Es ist so viel davon die Rede, daß der Krieg die Menschen veredelt, vertieft, umgewandelt habe; die Wahrheit ist, daß der Krieg nicht die Menschen gebessert, sondern nur bewiesen hat, daß sie besser sind, als Friedenspessimisten, Schwarzseher und Schwarzmaler sie schilderten. Wie im Frieden erklärt sich auch im Kriege aus Lage und Anlage jedes Menschen Tun. Auch im Kriege verliert das Goethesche:

„Nach dem Gesetz, nach dem du angetreten,
So mußt du sein, du kannst dir nicht entfliehn"

nicht seine Gültigkeit. Deshalb können wir uns weder denen anschließen, die fürchten, daß der Krieg den Menschen nachhaltend verroht, noch denen, die hoffen, daß er ihn dauernd veredelt. Man sollte nur den Menschen im Frieden nicht schlechter und im Kriege nicht besser machen, als er ist.

Mit Recht wendet sich der treffliche Penzig[1]) gegen „den", wie er sagt, „traurigen Chorus jener Bußprediger, die den erstickenden Nebel und die unheilschwangeren Wolken der Genußsucht, Sittenlosigkeit, Selbstsucht und Brutalität, die vor dem Kriege auf deutschen Gauen gelagert hätten, nicht schwarz genug malen können, um nur den reinigenden Blitz des Kriegsgewitters voll erstrahlen zu lassen." Mit vollem Recht wendet Penzig ein: „Bleiben sie (nämlich die Bußprediger) uns doch die Antwort auf die Frage schuldig, woher denn unter solchen Umständen der Heldenmut, der Opfersinn, die Begeisterung für Vaterland, Gerechtigkeit, Freiheit und Menschlichkeit gekommen sein sollten."

Wir begreifen die Empörung, mit der sich Frau Ellen Paasche in einer Zuschrift: „Deutsche Frauen und der Friede" gegen Dr. Käte Schirmacher wendet, die in einem Aufsatz unter der Überschrift: „Geduld" (im „Tag" vom 16. Oktober 1915) wörtlich schrieb: „Wir Deutschen hatten mit einer Anzahl übler Friedensgewohnheiten des Wohl- und Genußlebens zu brechen; der lange Krieg besorgt das gründlicher als ein kurzer."

„Es ist mir fast unmöglich," sagt Frau Paasche, „die Gefühle zu schildern, die ich beim Lesen dieser Zeilen empfand. Dazu also die unzähligen Opfer, das Blut, der Jammer, die Tränen? Wie ist es möglich, daß eine Frau ihr Gemüt so verhärtet hat? Wie ist es möglich, daß eine Frau schreiben kann: ‚Wir waren so tief im Wohlleben drin, daß nur ein längerer Krieg uns davon befreien kann?'"

In der Tat, wir tun den Gefallenen und ihren Hinter-

---

[1]) Ethische Kultur. Aufsatz: Siegergeist und Philistergeist. 1. X. 1915. S. 145 u. ff.

bliebenen bitter Unrecht, wenn wir immer wieder den Krieg als segenreichen Reinigungs- und Läuterungsprozeß hinstellen. Der Sohn der armen Postschaffnersfrau, die in ihrer Totenklage ausruft:

„Mein Junge fiel in der Schlacht
In seiner Jugend, Reinheit und Pracht . . .";

jener Kriegsfreiwillige, der, tödlich getroffen, zu seinem Kameraden spricht: „Gib mir noch einmal meinen Goethe aus dem Tornister;" der alte Landsturmmann, der seinem Landsmann sterbend aufträgt: „Sage meiner Frau, ich wäre leichter von hier geschieden, wenn ich sie und unser Kind besser versorgt wüßte," nein, alle diese und die weitaus größte Mehrzahl der Deutschen und auch der anderen Völker bedurften des Krieges als einer Zucht- und Besserungsanstalt mit nichten. Sie waren gut, bevor der Krieg kam; der Krieg hat ihre Güte und Größe nur gezeigt, nicht gezeugt.

Die von „umlernen müssen" sprechen, denken biologischer und logischer, als die von „umgewandelt haben" reden. Änderungsbedürftiger als der Mensch war unser Urteil über ihn. Aber nicht das Umwerten und nicht das Umwandeln oder Umformen, sondern das Erleben dessen, was niemand mehr glauben wollte und konnte, das gewaltige Erlebnis schlechthin ist der Abschnitt und Einschnitt, der unser aller Leben von nun an in zwei Teile trennt, die Zeit vor und nach dem Weltkrieg.

Folgendes aber gilt für Kriegs- und Friedenszeiten: Wir rechnen dem Menschen vieles als Schuld an, was in Wirklichkeit nur sein Unglück, wir rechnen ihm vieles als Verdienst an, was in Wirklichkeit nur sein Vergnügen ist. Auch er selbst sieht sich selten in richtigem Licht.

Da ist der Heldenrausch. Gestern noch in der Werkstatt oder Wohnung, im Lehrsaal oder Laden, sieht heute sich der Jüngling in Wehr und Waffen als kriegerischer Held. Der Mann, der eben noch daheim das Feld bestellte, stellt nun im Felde draußen seinen Mann. Wie fühlt er sich da gehoben in seiner Kraft; jedes Stück der Uniform dient ihm zur Zier. Beim Ausmarsch drängt sich um ihn eine froh bewegte Menge; Unbekannte grüßen ihn, die Alten spenden ihm Segen, Kinder tragen sein Gewehr, schöne Frauen schmücken ihn mit Blumen, junge Mädchen nicken ihm zu. Auszeichnungen winken: vor allem das Kreuz und rasche Beförderung.

Und kehrt er gar getroffen heim, wirkt seine Wunde Wunder, so viel Liebe und Schönheit umgiebt ihn. Der vorher Unbeachtete rückt in den Mittelpunkt. Ich fragte einmal einen Kriegsfreiwilligen, den jüngsten von vier Brüdern, die an der Front waren, was ihn bewogen hatte, ebenfalls die Schulmappe mit dem Tornister zu vertauschen. „Ich will doch auch mitreden können und nicht bloß zuhören, wenn meine Brüder von draußen erzählen," lautete die Entgegnung, in der er aussprach, was auch viele Ältere drängt, für die heute noch der Satz gilt, den Goethe nach der Kanonade von Valmy am Lagerfeuer sprach: „Von heut und hier geht eine neue Epoche der Weltgeschichte an und Ihr könnt sagen, ihr seid dabei gewesen."

Nicht minder groß wie der Heldenrausch ist der Abenteuerrausch. Heraus aus dem gewohnten Kreise und Geleise, hinaus in die weite Welt; zeigen, was der Mensch leisten und leiden kann, sein Leben wagen und es immer wieder gewinnen: Das gewährt vielen Naturen einen stärkeren Reiz, als sie selbst es wissen und fassen.

Vor einiger Zeit sah ich einmal, in der Holzbaracke eines Gefangenenlagers englische Soldaten, alle die kurze Pfeife im Munde, auf Schlafsäcken malerisch lagernd würfeln. Als ich nach der Bedeutung ihrer Gradabzeichen fragte, kam das Gespräch sogleich auf die Zahl ihrer Dienstjahre und die Kriege, an denen sie bereits teilgenommen hatten. Die sonst recht einsilbigen Söldner wurden sehr gesprächig, als sie von ihren Kriegserlebnissen erzählten, besonders vom Burenkrieg, den sie fast alle schon mitgemacht hatten. Dieser Weltkrieg aber meinten sie, sei doch wohl das grandioseste und romantischste Abenteuer, das die Erde jemals gesehen.

Es tritt uns hier ein weiterer Drang entgegen, der tief in der menschlichen Seele zu wurzeln scheint, das Verlangen nach dem „Nochniedagewesenen", dem Ungewöhnlichen, Ungeheuerlichen, das Lechzen nach dem, was aufregt und fesselt, das Haschen nach dem Besonderen und Superlativen. Es ist die gleiche Begierde, mit der die Kinder jeglichen Alters die spannenden Geschehnisse der „Lederstrumpf"-Literatur verschlingen, der Sensationshunger, dem die fetten Überschriften der Zeitungen Rechnung tragen, der schon den lateinischen Dichter den Menschen „cupidus rerum novarum" nennen läßt.

Die Unerschöpflichkeit des Krieges als Stoffgebiet für alles, was seit mehr als sechzehn Monaten die Menschheit fühlt und denkt, spricht und druckt, bildet und abbildet, zeigt, mit wie einzigartigem Inhalt der Krieg die Menschenseele erfüllt, die mehr noch als vor dem „nein" vor dem „nichts" zurückschreckt.

Eng verbunden mit dem Abenteuer- ist der Wanderrausch. Träume werden Wirklichkeit und Märchen lebendig. Der durch seine beschränkten Mittel oder seine Arbeit an die Scholle gebundene Mensch gelangt in fremde Länder, tief nach Rußland und weit in Frankreichs gesegnete Gefilde, an das nie vorher erblickte Meer, in die Karpathen und die Dolomiten, bis in das märchenhafte Morgenland, ja bis Bagdad, der sagenhaften Gegend des Paradieses und der Geschichten aus „tausendundeiner Nacht".

Ein amerikanischer Kriegsberichterstatter erzählt: „Im Ohrdrufer Gefangenenlager sah ich ein halbes Dutzend Kanadier, die bei Ypern verwundet und gefangen wurden. ‚Warum sind Sie ins Heer eingetreten?' fragte ich einen Kanadier der einen Arm bis zum Ellbogen verloren hatte. ‚Ach!' antwortete er, ‚ich dachte, ich möchte ganz gern einmal Europa sehen!'"

Von ähnlichen Auskünften berichtet in einer seiner so überaus anschaulichen Schilderungen Bernhard Kellermann: „In den Taschen eines Gurkha Namens Gull Khan (eines Überläufers) fand man einen Brief. Ein Verwandter hatte bei ihm angefragt, ob er ihm rate, bei der indischen Armee als Freiwilliger einzutreten. Gull Khan antwortete: ‚Ich kann dir nur dazu raten, und zwar aus drei Gründen. Erstens hast du Gelegenheit, eine weite und interessante Reise zu machen, zweitens wirst du fremde Länder und Gebräuche kennen lernen, von denen du nichts ahntest, und drittens ist es vielleicht möglich, daß du, mit Ehrenzeichen bedeckt, in die Heimat zurückkehrst —'"

Als Italien im Mai an die Seite unserer Gegner trat, war bei vielen deutschen Soldaten stärker noch als die leidvolle Empörung die freudvolle Erwartung, an die italienische Front zu kommen. Von manchen hörte man Worte wie: „Nach Italien wollte ich dieses Jahr ohnehin, da spare ich wenigstens das Reisegeld." So wirkt aus doppeltem Grunde betätigte Reiselust der Kriegslust entgegen, einmal, weil man die Fremden als Menschen und zum zweiten, weil man die Fremde als Land kennen lernt.

Und dann der Natur- und Freiheitsrausch: In den Worten „draußen" und „im Felde" liegt gefühlsmäßig mehr als verstandesmäßig scheint. Der Dinge und der Menschen los und ledig, wenn auch nur für einige Zeit, durch die man sich, selbst wenn man sie liebt, gedrückt und eingeengt fühlte; der Berufssorgen überhoben, fast ständig in frischer Luft und unter freiem Himmel, eingegraben in den Schoß der Mutter Erde, fast selbst wieder ein Stück von ihr; herausholen aus dem Körper, was möglich ist und wieder heranholen, was zu seiner Erholung erreichbar ist, da überwiegen die Körpergefühle so, daß mit der Überwindung der Leibesleiden alles, was einst der Seele unüberwindlich deuchte, in ein Nichts versinkt.

Und ferner der Gemeinschaftsrausch und Verbrüderungsrausch. Für sich allein würde der Krieger den Kriegserfordernissen kaum gewachsen sein. Die gewaltigen Märsche, das Standhalten im Granatenregen und Wirbelfeuer, die ungewohnten Entbehrungen, gar das Bajonettieren des Gegners im Sturmangriff, der Einzelne würde es nicht leisten können. Aber als Teil des Ganzen, zusammengekettet durch ein Kommando, zusammengerissen durch Trommeln und Trompeten, zusammengeschweißt durch ein Hurrageschrei, heute singend, morgen sengend, geeint durch gemeinsames Kleid und Leid, da verflüchtigt sich das Ich, da gehen Mensch und Menge, Vielheit und Einheit ineinander auf.

Kompagnie ist eines, wenn auch fremdländischen Ursprungs mit Kompagnon. Und noch immer ist das Lied von dem Kameraden, der „im gleichen Schritt und Tritt" an der Seite marschiert, bis er, als wäre er ein Stück vom eigenen Körper, fortgerissen wird, eines der meistgesungenen Soldatenlieder.

Daß das Kameradschaftsgefühl schließlich auch vor dem Feinde nicht Halt macht, ist ein oft beobachteter Zug in diesem Feldzug, in dem die Gegner sich oft monatelang in Hör- und Sehweite einander gegenüberliegen. Allmählich wird es der Gegner inne: Auch der Feind da drüben ist ja ein Mensch wie ich, einer Mutter Sohn, eines Weibes Mann, eines Freundes Freund und eines Kindes Vater. Seine Bedürfnisse sind meine Bedürfnisse und was er ersehnt und erstrebt, erstrebe und ersehne auch ich: Frieden.

Der Krieg gebietet, daß solche Gedankengänge sich nicht vertiefen. In einem meiner Feldpostbriefe heißt es: „Wir liegen jetzt schon 6 Wochen vor Kalwaria und Mariampol in Stellung. Wir liegen sehr nahe am Feinde. Den ersten Pfingstfeiertag war eine halbe Stunde Frieden. Alles war aus den Gräben mitten auf dem Feld. Es wurde sich die Hand gereicht und die toten Russen, welche in Mengen vor unseren Stellungen lagen, wurden begraben. Nachher ging wieder alles in Deckung, und es wurde langsam weitergefeuert."

Auch darin zeigt der Krieg sein Doppelangesicht: er ist das Persönlichste und Unpersönlichste zugleich, das Persönlichste, weil er die ganze Person erfordert, das Unpersönlichste, weil sich die Vernichtung nicht auf die Individualität, sondern auf die Nationalität des Gegners erstreckt. Otto Weddigen, der Unterseebootskommandant wurde vom englischen Feind in das Meer versenkt, nicht weil er Weddigen, sondern ein deutscher Seeheld war. Der Sozialist Frank büßte sein Leben durch einen Franzosen ein nicht, weil er Frank, sondern ein Deutscher, der Flieger Pegoud verlor das seine durch einen Deutschen nicht, weil er Pegoud, sondern ein beherzter Franzose war. Wenn einer „für" das Vaterland fällt, so bedeutet dieses „für" nicht nur „aus Liebe zum", sondern „an Stelle vom" Vaterland.

Wie man im Frieden weniger von schlechten Völkern, als von schlechten Menschen hört, so gibt es im Kriege weniger schlechte Menschen, als schlechte Völker. Auch wir selbst sprechen noch viel zu oft, wenn einzelne etwas verüben oder vollbringen, von den Taten oder Untaten Englands und Rußlands, der Franzosen oder Italiener ganz im allgemeinen. Wie weit die Verantwortlichkeit ausgedehnt werden kann, lehrt eine kleine Geschichte, die mir jüngst in Warschau eine unterrichtete Persönlichkeit erzählte: Als dem Vater des jetzigen Zaren ein Erlaß vorgelegt wurde, der eine neue scharfe Verfolgung der Juden verfügte, schrieb Zar Alexander eigenhändig an den Rand: „Man vergesse niemals, daß sie es sind, die unsern Heiland gekreuzigt haben."

Aber noch ein anderer Rausch und Drang tritt im Kriege in die Erscheinung: Kampfesrausch und Siegestrunkenheit, Blut- und Zerstörungstaumel. Hier regen sich vor allem in unserer Spezies die wilden, primitiven, atavistischen Instinkte des Willens zur Macht. Im Kriege waltet die Gewalt, das Ungesetzliche wird zum Gesetz erhoben, Lüge ist von List, List von Hinterlist, Tötung von Tapferkeit nicht mehr zu unterscheiden.

Ich hatte einmal vor dem Kriegsgericht einen Deserteur zu begutachten, der schwachsinnig war. Er war im Westen verwundet und nach seiner Heilung im Feldlazarett nicht zu seiner Truppe zurückgekehrt, die bei Lille in Stellung lag. Er wurde nach Wochen in Dirschau an der Weichsel aufgegriffen. Nach dem Grunde seiner

Fahnenflucht gefragt, antwortete er immer nur: „Ich wollte doch nur nach dem Osten." „Der Bewegungskrieg im Osten sei ihm lieber als der Stellungskampf im Westen; ohne Bewegung mache ihm der ganze Krieg überhaupt keinen Spaß." Sein Schwachsinn lag nicht in diesem Wunsch, den er mit vielen teilte, sondern in der kindlichen Meinung, er könne sich auf eigene Faust an die Ostfront begeben.

Der letzte Rausch, den ich nennen möchte, ist der Eroberungs- und Beuterausch. Er ergreift im Kriege auch diejenigen, die vorher immer wieder versichern, nur ihren eigenen Besitz schützen und nicht neuen erringen zu wollen. Aber wie die einzelnen Menschen streben auch die einzelnen Völker nach mehr, ohne sicher zu sein, ob nicht das Mehr nur eine Vermehrung von Sorgen ist.

Fragen wir einmal alle Nichtrussen der Welt, ob sie, vor die engere Wahl gestellt, lieber den 5 Millionen Völkern der Schweizer und Schweden, oder dem 180 Millionen Volk der Russen angehören möchten; der großen Mehrheit Antwort dürfte nicht zweifelhaft sein. Aus ihr erhellt, daß das leibliche und geistige Wohl des Einzelmenschen in heutiger Zeit von der Ausdehnung eines Landes und der Menge seiner Bewohner nicht abhängig ist — wenigstens nicht in Friedenszeiten.

Das Verbindende aller genannten Ekstasen ist Tatendrang und Tatenrausch. Die starke innere Bewegung der Seele setzt sich in eine starke äußere Bewegung um: Leben in des Todes unmittelbarster Umgebung und Sterben inmitten kraftvollsten Lebens. Aus Schillers Jugendgedicht „Die Schlacht" ist keine Stelle so ergreifend, als die, welche lautet:

„Und auch du, Franz?“ — „Grüße mein Lottchen, Freund!“
Wilder immer wütet der Streit;
„Grüßen will ich — Gott, Kameraden seht!
Hinter uns, wie die Kartätsche springt!“
„Grüßen will ich dein Lottchen, Freund!
Schlummre sanft! Wo die Kugelsaat
Regnet, stürz' ich Verlassener hinein.“

Nach allem stimmen wir völlig mit Erich Everth überein, wenn er in seiner sehr lesenswerten Kriegsschrift „Von der Seele des Soldaten im Felde“ schreibt: „Das stark aktive, tatkräftige und handelnde Wesen und die große Gemeinsamkeit sind die beiden Grundpfeiler aller Kriegspsychologie.“

Man muß diesen inneren Triebkräften bis in die Tiefe nachspüren, um scheinbar Unvermeidliches vermeiden, scheinbar Unverzeihliches verzeihen zu lernen. Wie will man beispielsweise ohne Kriegspsychologie das Kriegsdrängen Italiens verstehen, das man in der Tat nicht ohne Grund als Kriegspsychose bezeichnet hat. Neun Monate las dieses lebhafte Volk täglich morgens, mittags und abends, wie alle anderen europäischen Großmächte im heftigen Kampf miteinander liegen; in erregtester Stimmung und Spannung verfolgen sie die Heldentaten der Nachbarvölker, die welterschütternden Ereignisse zu Lande, in der Luft und auf dem Meere — nur sie allein unter den Mächtegruppen müssige Zuschauer. Da juckt es und ruckt es und zuckt es in den Hemmungslosen, da verschlägt kein Zuspruch, kein gutwilliges Angebot, da drängt es sie und treibt es sie dabei zu sein, nur um eben auch dabei zu sein. Genau so wie auch bei uns viele schwer darunter leiden, ja sich schämen, daß sie nicht vorne sind, selbst wenn sie im Lande wertvolle Kriegsdienste leisten.

Freilich wollen wir uns nicht verhehlen, daß es überall und so auch bei uns zahlreiche Personen gibt, die jeder Art Kriegsrausch gegenüber standfest sind. Sie unterziehen sich der Wehrpflicht pflichtbewußt ohne Ergriffenheit und Gehobenheit, zumeist von innerem, manche auch nur von äußerem Muß getrieben.

Und auch hier möchte ich auf ein Messen mit zweierlei Maß hinweisen, zu dem man in Kriegszeiten nur zu leicht geneigt ist. Gewiß liegt in der allgemeinen Wehrpflicht aller Wehrhaften ein wahrhaft sozialer Zug ausgleichender Gerechtigkeit, vielleicht war sogar Scharnhorsts Gedanke eines deutschen Volksheers Ursprung und Urgrund jener immer weiter um sich greifenden Ordnungs-, Einordnungs- und Verordnungsliebe, die, vielbewundert und vielgeschmäht, zu einem Grundzug deutschen Wesens, deutscher Kraft und Kultur geworden ist.

Wir wollen es aber nicht in Abrede stellen. Das freiwillige Eilen zu den Fahnen derer, die es nicht oder noch nicht nötig hatten, haben viele fast noch höher gewertet. Wir waren sehr stolz und mit Recht, als sich in den ersten Kriegswochen zwei Millionen Deutscher als Kriegsfreiwillige meldeten, junge und alte, aus allen Schichten des Volkes; und auch heute noch erfüllt es uns mit besonders inniger Anteilnahme, wenn wir immer wieder in Zeitungsanzeigen lesen: „Mein einziger Sohn, der Kriegsfreiwillige erlitt den Heldentod."

Deshalb sollte man auch nicht die Soldaten des einzigen unserer Feinde, der bisher nur freiwillige Krieger in seinem Heere hat, um des Soldes willen geringer achten, als die unserer anderen Gegner. Die englische Überhebung und Selbstsucht, die so viel Schuld am Kriege tragen, mag man tadeln und schelten, nicht aber die Zähigkeit, Tapferkeit und Vaterlandsliebe der englischen Söldner, die der der russischen, französischen, italienischen und serbischen Soldaten nicht nachsteht. Es war immer noch eine der vornehmsten Eigenschaften deutscher Heerführer und Mannschaften, daß sie der Tüchtigkeit und Kühnheit des Gegners Gerechtigkeit zollten, selbst wenn sie die eigene Arbeit vermehrte und erschwerte.

Der Kriegsrausch ist eine viel zu sehr über die Gleichgewichtslage pendelnde Stimmungslage, als daß ihr nicht alsbald eine gewisse Ernüchterung als Ausschlag nach der entgegengesetzten Seite folgen müßte. An die Anspannung schließt sich eine Abspannung, an diese eine Abstumpfung, die dann erst nach und nach je nach dem Charakter und der Bildung eines Volkes einer dauernderen Seelenanpassung Platz macht. Je unreifer ein Volk ist, um so leichter läßt es sich täuschen und enttäuschen; je reifer es ist, um so mehr tritt an die Stelle anfänglichen Überschwangs Stetigkeit und Festigkeit, Besonnenheit und Gelassenheit. Hier gewinnt Marschall Hindenburgs Meinung und Mahnung: „Siegen wird, wer die besten Nerven hat,“ seine volle Bedeutung.

Auch Everth möchte ich nochmals anführen, der in seiner bereits erwähnten Schrift eines Kriegsteilnehmers bemerkt: „Es bestehen kaum Unterschiede der Tapferkeit zwischen den Franzosen und uns; die Franzosen haben Bravour und Elan, sie haben auch überraschende Ausdauer gezeigt, aber ob ihre Krieger die Gleichmäßigkeit und Gleichmütigkeit bewahren wie die unsrigen? Wir lodern nicht leicht und hell auf, sondern lieben die innere Wärme, aber wir lassen uns auch nicht schnell ‚niederschlagen‘. Wir müssen allerdings zugeben, daß wir es in dieser Hinsicht besser haben als unsere Feinde, denn es gibt für das Nervensystem keine belebendere Ladung mit Starkstrom als erfolgreiche Betätigung.“

Die Gleichmäßigkeit und Regelmäßigkeit, mit der alle die geschilderten Seelenreflexe bei allen Völkern Reaktionen und Aktionen hervorrufen, legt den Gedanken nahe, daß der zum Kriege führenden und im Kriege vorhandenen Geistes- und Gemütsverfassung eine natürliche Gesetzmäßigkeit, man kann auch sagen eine gesetzmäßige Natürlichkeit innewohnt. Es hat daher immer Gelehrte gegeben, die geneigt waren, im Kriege ein Naturereignis schlechthin zu erblicken, das über uns Menschen kommt ähnlich etwa wie eine Erdbebenkatastrophe, eine Sturmflut, ein Gewitter, eine große Seuche oder eine durch einen Schuß ins Rollen gebrachte Lawine.

Biologisch betrachtet, kann der Krieg entweder psychologisch, soziologisch oder kosmologisch bedingt sein. — Vom Psychologischen war bereits, wenn auch mehr abschöpfend als erschöpfend, die Rede; den soziologischen Anteil zu ergründen und zu klären ist Aufgabe der Historiker und Politiker; eine schwierige Arbeit, was daraus hervorgeht, daß es kaum einen Krieg der Weltgeschichte gibt, über den die beteiligten und unbeteiligten Völker — man vergleiche ihre Schulbücher — eines Sinnes sind. Ja selbst innerhalb eines Volkes herrschen die verschiedensten Meinungen.

Es ist auch kaum anzunehmen, daß, wie öfter behauptet wird, erst die spätere Geschichtsforschung, im weiteren Abstand von der Gegenwart, völlig die verwickelten Ursachen dieses Krieges aufdecken wird, dessen Entsetzen alle, als er ausbrach, empfanden, ohne seine gespenstische Erscheinung bannen zu können. Eins nur scheint festzustehen: zuletzt waren es in Europa nur zwei bis drei Dutzend Menschen, die den Krieg und damit das Los von vielen hundert Millionen Menschen entschieden. Auch diese waren mehr Werkzeuge, als werkzeugend.

Unter den Kriegstreibern aller Länder aber befanden sich so manche, die nicht, weil die anderen es verdienten, sondern weil sie selbst verdienen wollten, den Krieg im Unterbewußtsein für unabwendbar empfanden. Auf alle Fälle erzeugte in ungleich höherem Grade der Krieg den Völkerhaß als der Haß der Völker den Krieg. Das ist ja vielleicht das tragischste, aber auch tröstlichste am Kriege, daß es in diesem Millionenan- und -aufgebot von Heldentat und Heldentod im eigentlichen Sinne weder Verbrecher noch Rächer gibt.

Aber nicht über die politische und ökonomische, sondern über die kosmische Seite des Krieges will ich noch einiges sagen. Auch sie ist letzten Endes psychisch. Man hat zwar mancherlei andere kosmische Zusammenhänge erkennen wollen; so zwischen der Stellung der Gestirne, Planeten und Kometen und Kriegsperioden [1]). Ja, unter den zahlreichen Kriegstheoretikern gibt es sogar einen, den Physiker Rudolf Mewes [2]), der in einem Buch die Meinung vertritt, daß niedriger Grundwasserstand für den Ausbruch des Krieges von ausschlaggebender Bedeutung sei.

Auch die Einwirkung des Klimas ist nicht völlig von der Hand zu weisen. Wer weiß, ob nicht die Sprengung der Spannung, das Überkochen des Gärstoffs noch einmal vermieden worden wäre, wenn es im Juli 1914 in Europa weniger heiß gewesen wäre. Namentlich in Rußland soll kaum je eine so drückende Schwüle geherrscht haben, als in den Wochen, die dem Weltbrand vorangingen. Flüchtlinge aus dem Innern Rußlands, die ich behandelte, erzählten mir, daß infolge der Trockenheit überall Waldbrände und Moorbrände von ungeheuerer Aus-

---

[1]) Prof. Zenger: Die Meteorologie der Sonne und ihres Systems.

[2]) Rudolf Mewes: Die Kriegs- und Geistesperioden im Völkerleben.

dehnung und wochenlanger Dauer schwelten. Als dann der Völkerbrand aufloderte, hätten die Bauern ihn vielfach ebenfalls — ohne sich baß zu verwundern — der übermäßigen Hitze zugeschrieben. Ob sie dabei an Selbstentzündung geistiger Reibungsflächen oder an mehr mysteriöse Zusammenhänge dachten, konnte ich nicht ermitteln.

Allein, von allen diesen Zusammenhängen, die im wesentlichen doch nur Gedankenzusammenhänge sein dürften, mehr auf zeitlicher als ursächlicher Verbindung beruhend, will ich nicht reden. Auch über die vielen Gemütern entsprechende Anschauung kann ich mich nicht verbreiten, daß der Krieg mehr eine Schickung, als ein Schicksal sei, daß wir in ihm, wie ein Geistlicher sich ausdrückte, zwar nicht das jüngste Gericht, aber doch „ein Teilgericht Gottes" zu erblicken haben.

Nur bei einem möchte ich noch verweilen, daß nämlich dem Verhältnis von Krieg und Frieden etwas von dem rhythmischen Weltgesetz eigen ist, das allem Naturgeschehen innewohnt. Frieden und Krieg stehen in einem ähnlichen periodischen Verhältnis zueinander wie Leben und Tod, Blühen und Verblühen, Tag und Nacht, Sommer und Winter, Ebbe und Flut, Spannung und Entspannung. Überall sehen wir Kräfte am Werke, die abwechselnd nach innen und nach außen wirken, bald die Bestandteile aneinandertreibend, bald auseinanderdrängend.

Auch in uns selbst schwingt unaufhörlich der gleiche Naturrhythmus: im Wachen und Schlafen, in Hunger und Sättigung, im Ein- und Ausatmen der Luft, in den Blutwellen des Herzens, in dem Drang nach Betätigung und dem Bedürfnis nach Ruhe. Im sexuellen Leben spielt dieser auf- und abwallende Rhythmus gleichfalls eine große Rolle, sowohl in der körperlichen

Periodizität, als in dem Erobernwollen und Zufriedensein der Seelen.

Die Auffassung von Krieg und Frieden als Teilerscheinung der überall wirksamen Weltenwelle könnte als hoffnungslose Resignation erscheinen, wenn ihr nicht eine andere entwicklungsgeschichtliche Naturbeobachtung entgegenstände. Wie sich die Völker aus Menschen zusammensetzen, so besteht der Mensch aus Zellen und die Menschheit aus Völkern. Auch der einzelne Mensch ist schon ein Staatengebilde höherer Ordnung; seine Bürger sind viele Millionen lebender Zellen, die sich zum Besten des Ganzen in die verschiedensten Aufgaben teilen. Diese Zellenstaaten, die wir Menschen nennen, bilden miteinander Paare, Familien, Stämme, Verbände, Gemeinden, Völker und Staaten. Die bisymmetrische Zusammensetzung des Gesellschaftskörpers aus zwei nahezu gleichen Hälften, der männlichen und weiblichen, ist auch ein Beweis seiner Einheitlichkeit.

Die feine Witterung der Sprache ist sich dieser Übereinstimmung zwischen einzelnen Bürgern und der Staatsbürgerschaft als Ganzem bewußt gewesen und geblieben. Es ist mehr wie ein Bild, wenn wir vom „Oberhaupte" eines Staates, von einem „Gesellschaftskörper", einer „Volksseele" und einem „Volksgewissen" reden; wenn wir die Straßen einer Stadt mit pulsierenden Adern, ihre Parks mit Lungen vergleichen. „Das Herz" von London ist getroffen, sagte man, als vom Zeppelin Bomben in die City der englischen Hauptstadt fielen. Zola hat ein Buch geschrieben, das er den „Bauch von Paris" nannte, ich selbst habe einmal eine Schrift über die Alkoholfrage verfaßt, die den Titel führt: die Gurgel von Berlin.

Wenn wir es nicht vorher gewußt hätten, so hätte uns dieser Krieg gezeigt, wie sehr ein Volk ein einheitlicher Organismus ist. Dabei stellte es sich heraus, daß vieles, was früher die Menschen vereinheitlichte, seine zusammenfassende Bedeutung ganz oder teilweise eingebüßt hat. Die Begriffe: Rasse und Klasse, Stand und Kaste, religiöse und politische Richtung sind nicht mehr so trennend und einend wie ehedem.

Heute sind es im wesentlichen die gemeinsame Heimat und Geschichte, die gemeinsame Erziehung und Kultur, die Gemeinsamkeit der Lebensgewohnheiten und der wirtschaftlichen Interessen, vor allem aber die gemeinsame Muttersprache, Muttererde und Mutter Natur, die unter dem Begriff des Vaterlandes die einzelnen Menschen und Menschengruppen zu Einheitsstaaten höherer Ordnung bindet.

In alten Zeiten bekämpften sich auch die Zellenstaaten, die wir Mensch nennen, mit Waffengewalt. Allmählich aber legten sie ihr Schwert aus der Hand und gaben es einem Dritten, den sie als Richter bezeichneten, auf daß er mit geistigen Waffen ihren Streit friedlich schlichte. Nur im Zweikampf erhielt sich noch ein kleiner Rest des alten Brauches. Wenn aber größere Körperschaften und Gemeinschaften Verschiedenes wollten, oft auch, wenn sie das Gleiche wollten, ließen sie noch lange ihren Zwist durch ihre Waffen entscheiden. Schließlich aber gaben auch sie unblutigen Verhandlungen vor blutigen Handlungen den Vorzug. Nahmen sie gleichwohl zur Schärfe des Schwertes ihre Zuflucht, so bekundeten sie, daß die Schärfe ihres Geistes versagt hatte, um eine befriedigende Lösung und Erlösung herbeizuführen. Insofern ist jeder Krieg ein Zeichen geistiger Armut.

Ein weiter Weg führt von den Kriegen altgriechischer Städterepubliken bis zu den jetzigen, in denen ein ganzer Erdteil miteinander ringt. Dieser Weg ist gekennzeichnet durch eine immer größer werdende Vereinheitlichung der Welt. Durch die technische Überwindung von Zeit und Raum liegt trotz größerer Entfernung Berlin heute näher an London als einst Sparta an Athen. Man übersieht leicht, daß im Zeichen des Weltverkehrs und Welthandels, in Zeiten der Weltkongresse und Weltreisen, in denen man von einer Weltliteratur und Gelehrten von Weltruf spricht und von einer Weltsprache und Weltreligion träumt, Weltkriege wie dieser die Kehrseite oder Nachtseite unserer trotz allem doch nicht sehr hohen Entwicklungsstufe sind, bis zu der die Menschheit bisher geklommen und gekommen ist.

Entwicklunggeschichtlich geht der Weg, welcher von der Zelle zum Menschen und weiter vom Einzelmenschen zu Menschengruppen bis zu Volks- und Staatseinheiten geführt hat, in einer Richtlinie fort, die über immer größere Verbände zur Menschheitsgemeinschaft als höchster Entwicklungsstufe leitet.

Der gemeinsame Geist und Wille, der bei den kriegführenden Mächtegruppen jetzt schon auf jeder Seite mehrere hundert Millionen Menschen erfüllt, kann schließlich auch die doppelte und dreifache Anzahl — das aber ist schon die Summe aller Erdbewohner — erfüllen. Die Stufenleiter, die zu diesem Ziele führt, ist: Verstand, Verständnis, Verständigung, vor allem die geistige Erkenntnis, daß die Grundbedürfnisse der Menschen aller Völker die gleichen sind: essen, trinken, schlafen, schaffen, lieben, leben und die Seele laben.

Es ist nicht nur richtig, sondern auch aufrichtig, wie ich bekunden kann, da ich vor 6 Jahren selbst sein Gast in Cambridge war, wenn einer der bedeutendsten Kriegsgegner in England, Lowes Dickinson, in einem seiner gedankenvollen Kriegsaufsätze schreibt: „Nirgends in realen Dingen gehen die Interessen der Nationen auseinander. Was in den Krieg treibt, sind abstrakte Vorstellungen, und was den Vorstellungen Leben gibt, ist der Glaube daran."

Und ebenso können wir dem Dichter Romain Rolland beipflichten, neben dem Psychologen Ribot (dem Verfasser von théorie de la volonté), einem der wenigen großen Franzosen, die Deutschland so gut kennen, daß sie es nicht beschimpfen, wenn er sagt: „— — — Diejenigen, welche die Ideen von einer freien Brüderschaft der Menschheit für gestorben halten, irren sich, sie schweigen nur . . . Ich leide mit den vielen Opfern, welche jetzt den Schlachtfeldern preisgegeben werden. Aber wegen der künftigen Einheit der europäischen Gesellschaft beunruhige ich mich nicht im geringsten. Sie wird Wirklichkeit werden. Der Krieg des Augenblicks ist ihre Bluttaufe."

Als dritten aber lassen Sie mich einen deutschen Dichter anführen, Novalis, der ausrief: „Liebe ist Endzweck der Weltgeschichte, das Amen des Universums."

Viele bedeutende Deutsche, wie Kant im Entwurf zum ewigen Frieden, Herder in den Briefen der Beförderung der Humanität, Friedrich der Große im Antimachiavell verkündeten ähnliches. Friedrichs Nachfahr, Wilhelm II. zeigte, bis der Weltkrieg über uns kam, wie sehr man beides: Liebe zum eigenen und Freundschaft zu anderen Ländern vereinigen kann. Und in der Tat, so gut ein Mensch sich selbst, seiner Familie und seinem Staate Genüge tun kann, kann er auch zu gleicher Zeit ein guter Staats- und Weltenbürger sein.

So klinge denn das Endergebnis meiner Betrachtungen in folgenden drei Wünschen aus: Möge dieser Völkerstreit nicht nur mit einem Völkerfrieden, sondern mit einer Versöhnung der Völker enden. Mögen die Völker, wenn der Friedensmorgen ihnen wieder leuchtet, erkennen, daß der Krieg der Gegenwart den Krieg der Zukunft unmöglich gemacht hat. Möge sich dann ihr Tatendrang, in dem wir eine Haupttriebfeder des Krieges erkannten, nicht mehr betätigen in Werken, die Menschenleben zerstören und Menschengüter vernichten, sondern nur noch im Wirken für der Menschen Glück und der Menschheit Wohl.

FSC
www.fsc.org
MIX
Papier | Fördert gute Waldnutzung
FSC® C083411

Kolibri 360 GmbH
Ferdinand-Jühlke-Straße 7
99095 Erfurt, Deutschland
produktsicherheit@kolibri360.de